Reif für die Insel?
500 Jahre *Utopia*

d|u|p

Katalog zur Ausstellung
23. November 2016 bis 29. Januar 2017

**UNIVERSITÄTS- UND
LANDESBIBLIOTHEK**
DÜSSELDORF

Ein Projekt des Instituts für Philosophie der Heinrich-Heine-Universität Düsseldorf in Zusammenarbeit mit dem Institut für Anglistik der Heinrich-Heine-Universität Düsseldorf und der Universitäts- und Landesbibliothek Düsseldorf, Universitätsstraße 1, 40225 Düsseldorf

Gefördert von der Gesellschaft von Freunden und Förderern der Heinrich-Heine-Universität Düsseldorf

GESELLSCHAFT VON
FREUNDEN UND FÖRDERERN
DER HHU DÜSSELDORF

Reif für die Insel?
500 Jahre *Utopia*

Monika Steffens (Hrsg.)

d|u|p

Bibliografische Information der Deutschen Nationalbibliothek

Die Deutsche Nationalbibliothek verzeichnet diese Publikation in der Deutschen Nationalbibliografie; detaillierte bibliografische Daten sind im Internet über http://dnb.dnb.de abrufbar.

© düsseldorf university press, Düsseldorf 2018
http://www.dupress.de
Umschlaggestaltung: Malte Unterweg, basierend auf dem Plakat zur Ausstellung von Christof Neumann
Satz: Friedhelm Sowa, LaTeX
Herstellung: docupoint GmbH, Barleben

Gesetzt aus der Garamond

ISBN 978-3-95758-056-6

Inhalt

Abb. 1: Porträt des Thomas Morus von Hans Holbein d. J., 1527.

Vorwort

Hubertus Schulte Herbrüggen

2017 ist *Luther-Jahr* und so mag man sich wundern, warum in dessen ersten Wochen auch ein Ausstellungskatalog zu Thomas Morus und seiner *Utopia* veröffentlicht wird. Bei einer intensiveren Beschäftigung mit Martin Luther stößt man indes geradezu zwangsläufig auch auf den englischen Staatsmann, Humanisten und katholischen Heiligen, denn die beiden haben sich in Sachen Reformation heftige, teils ausgesprochen rüde – heute zum Glück größtenteils vergessene – schriftliche Auseinandersetzungen geliefert.

Luthers Thesenanschlag vor 500 Jahren war der Auftakt der Reformation, die grundlegende Auswirkungen auf Politik, Religion, Kultur und Gesellschaft hatte und somit die Welt veränderte. Auch heute leben wir – wie Thomas Morus und Martin Luther – wieder in einer Zeit des Umbruchs und großer politischer Unwägbarkeiten, deren gesellschaftliche und globale Folgen kaum absehbar sind. Viele Menschen fühlen sich von der Politik im Stich gelassen, sehnen sich nach überzeugenden Werten und Sicherheit, und nicht wenige bauen darauf, dass demagogische Populisten die gegenwärtigen Probleme schon lösen werden. Verantwortungsvollere Politiker etablierter Parteien suchen angesichts dessen händeringend nach Gegenentwürfen, verharren dabei aber allzu gern in ausgetretenen Pfaden und versäumen es, den Problemen auf den Grund zu gehen und vor allem den Menschen zuzuhören. Vielleicht sollten sie sich daran erinnern, dass Papst Johannes Paul II. im Millenniumsjahr Thomas Morus in seinem Apostolischen Schreiben vom 31. Oktober zum „Patron der Regierenden und der Politiker" ernannt hat. Er sah in Thomas Morus ein Vorbild „für eine Politik [...], die sich den Dienst am Menschen zum obersten Ziel gesetzt hat."

Martin Luther und Thomas Morus sahen gleichermaßen die Notwendigkeit von Reformen in Gesellschaft und Religion ihrer Zeit, wenngleich sich ihre Vorstellungen von deren Realisierung diametral gegenüberstanden.

Was sie hingegen vereint, war vor allem, dass beide in ihren Wirkungskreisen nicht aus persönlichem Gewinnstreben oder Opportunismus handelten, sondern allein nach ihrem persönlichen Gewissen: „Daher kann und will ich nichts widerrufen, weil wider das Gewissen etwas zu tun weder sicher noch heilsam ist", sagt Luther auf dem Reichstag zu Worms, und Thomas Morus widersetzt sich aus genau diesem Grunde einem totalitären Herrscher, indem er sich weigert, König Heinrich VIII. als Oberhaupt der englischen Kirche anzuerkennen, und aus Gewissensgründen dafür selbst eine Bestrafung mit dem Tode in Kauf nimmt.

Nur ein Jahr vor Luthers revolutionären Thesen veröffentlicht Thomas Morus – nicht zuletzt auf Anregung seines Freundes Erasmus von Rotterdam – seinen nicht minder brisanten Gegenentwurf zur (englischen) Realpolitik des frühen 16. Jahrhunderts, sein „wahrhaft goldenes Büchlein [...] von der besten Staatsverfassung", seine staatsphilosophische Schrift *Utopia*. Bei Dirk Martens im belgischen Leuven wird sie 1516 zuerst in Latein gedruckt, erobert dann aber rasch durch – hier auch ausgestellte – Übersetzungen in zahlreiche Sprachen die Welt. Entwürfe einer besseren Welt prägen das menschliche Denken seit alters her, und so ordnet sich die *Utopia* in eine literarische Tradition ein, die bereits mit Platon beginnt und seit Morus bis in die unmittelbare Gegenwart hinein zahllose Nachfolger gefunden hat, auch wenn die meisten inzwischen keine „Idealstaaten" mehr beschreiben, sondern Schreckensvisionen – Anti-Utopien. Thomas Morus aber verdankt die literarische Gattung ihren Namen.

Der 500. Jahrestag des Erscheinens der *Utopia* hat in Rundfunk, Presse und der akademischen Welt eine beachtliche und verdiente Resonanz gefunden. Ihr „Geburtsort" Leuven würdigte die Erstveröffentlichung und ihren Schöpfer vom 24. September 2016 bis zum 17. Januar 2017 nicht nur mit einem „Stadsfestival – 500 Jaar Utopia" und einem nach dem Erzähler der *Utopia* benannten Bier – *Babbelaar* –, sondern gleich mit mehreren Ausstellungen, darunter *Utopia & More – Thomas More, the Low Countries and the*

Utopian Tradition in der beeindruckenden Universitätsbibliothek sowie *In Search of Utopia – A Major Exhibition* im M-Museum Leuven, die beide enormen Anklang gefunden haben.

Der große Besucherandrang und die vielen dort gezeigten „Träume einer idealen Welt" belegen nachdrücklich die Sehnsucht der Menschen nach einer gerechteren Welt, in der nicht allein die Macht des Geldes regiert, sondern ein friedliches und rücksichtsvolles Miteinander zum Wohle aller im Vordergrund steht. Die *Utopia* hat daher auch 500 Jahre nach ihrem Erscheinen nichts an Aktualität eingebüßt. Natürlich liefert sie keinen realisierbaren Entwurf eines Staatswesens, aber durch ihre harsche Sozialkritik des ersten Buches – einige wenige beuten die arbeitende Bevölkerung schamlos aus – oder die Idee der Religionsfreiheit im zweiten Buch – niemand darf wegen seiner Religionszugehörigkeit verfolgt oder benachteiligt werden – vermittelt sie doch kreative Denkanstöße für eine nicht mehr allein konsumorientierte und weniger egomanisch geprägte Gesellschaft als die unsere.

Als langjähriger Inhaber des Lehrstuhls für *Englische Renaissance* an der Heinrich-Heine-Universität Düsseldorf und Begründer der Sammlung und Forschungsbibliothek MOREANUM hat es mich daher natürlich ganz besonders gefreut, dass mein jüngerer Kollege, Professor Dr. Kann, aus dem Institut für Philosophie mit seiner Mitarbeiterin Monika Steffens auch in Düsseldorf im Jubiläumsjahr eine Utopia-Ausstellung initiiert hat. Aus meiner Erfahrung mit der Vorbereitung und Organisation der Ausstellungen zu Thomas Morus' Leben und Werk in der National Portrait Gallery in London (1977/78), in der Universitäts- und Landesbibliothek Düsseldorf (1985) und in der Nürnberger Stadtbibliothek (1987) weiß ich nur zu gut, welchen Zeit- und Arbeitsaufwand es bedeutet, eine Ausstellung auf die Beine zu stellen, und dass dies ohne ein gutes Team kaum zu realisieren ist. Dass er sich dieser Aufgabe gestellt hat, verdient daher höchste Anerkennung.

Seiner Mitarbeiterin Monika Steffens, M. A., ist es vor allem zu verdanken, dass die Besucher der Ausstellung *Utopia – Reif für die Insel?* im Foyer der Universitäts- und Landesbibliothek vom 23. November 2016 bis zum 12. Februar 2017 einen ausgezeichneten Überblick über den zeitgeschichtlichen Hintergrund der Entstehung der *Utopia*, den Einfluss des Erasmus und des humanistischen Freundeskreises, die darin niedergelegten staatsphilosophischen Ideen sowie ihre wissenschaftliche und literarische Rezeption erhalten konnten. Zahlreiche wertvolle Exponate der Abteilung Handschriften und alte Drucke (und Leihgaben der Diözesan- und Dombibliothek zu Köln), die informativen Exponats-Beschreibungen, aber auch das ansprechende Design der Ausstellung einschließlich ihrer digitalen Erschließung durch einen Touchscreen für die jüngeren Besucher gaben ihr einen ganz besonderen Reiz und sorgten für anhaltendes Publikumsinteresse.

Besonders gefreut hat mich auch die fruchtbare und harmonische Zusammenarbeit des Philosophischen und Anglistischen Instituts. Sie hat ihren Niederschlag nicht nur darin gefunden, dass gut 25 Jahre nach meiner Emeritierung und der Auflösung der Abteilung für Englische Renaissance diverse Exponate aus den Beständen des MOREANUM in den Vitrinen zu sehen waren, sondern auch darin, dass Frau Steffens meinem langjährigen Mitarbeiter Dr. Friedrich-K. Unterweg und seiner Kollegin Monika Henne, M. A., die Gestaltung und Kommentierung des Bereichs „Literarische Rezeption der *Utopia*" anvertraute. Ihnen – und natürlich Herrn Kollegen Kann als Initiator – gilt mein besonderer Dank für diese sehenswerte Ausstellung.

Danken möchte ich aber auch dem Team der Universität- und Landesbibliothek – allen voran Frau Carola Spies und Herrn Christof Neumann – ohne deren unermüdlichen Einsatz und kreative Ideen die Ausstellung nicht in dieser Form hätte realisiert werden können.

Außerdem danke ich der Gesellschaft von Freunden und Förderern der Heinrich-Heine-Universität Düsseldorf für ihre großzügige finanzielle Unterstützung des Projekts.

Der Autor der *Utopia*

Monika Steffens

Thomas Morus wird am 6. Februar 1478 als zweites von sechs Kindern des Juristen und Richters John More und seiner Frau Agnes in London geboren. Nach dem Besuch der Lateinschule wird er 1490 von seinem Vater den Landessitten entsprechend zur weiteren Ausbildung und Erziehung in den Haushalt des Lordkanzlers John Morton gegeben. Auf dessen Betreiben studiert der junge und äußerst begabte Thomas Morus zwei Jahre in Oxford; vermutlich wird bereits dort seine Begeisterung für antike Literatur und Philosophie geweckt, die ihn ein Leben lang prägt. Im Jahr 1494 muss er auf Wunsch seines Vaters sein Studium abbrechen und nach London zurückkehren, um dort eine juristische Ausbildung zu absolvieren. Privat widmet er sich aber weiterhin eifrig seinen philosophischen, theologischen und literarischen Interessen; er lernt hervorragend Griechisch und knüpft freundschaftliche Beziehungen zu anderen gleichgesinnten Gelehrten wie John Colet, William Grocyn und Erasmus von Rotterdam, die zu den berühmtesten Humanisten ihrer Zeit gehören. Unter ihrem Einfluss erwägt Thomas Morus zunächst auch den Eintritt in einen Orden und lebt sogar mehrere Jahre als Gast im Londoner Charterhouse der Kartäusermönche, bevor er sich schließlich doch für ein weltliches Leben entscheidet und ca. 1505 seine erste Frau Jane Colt heiratet; aus ihrer Ehe gehen vier Kinder, drei Töchter und ein Sohn, hervor. 1504 und 1510 wird Thomas Morus als Abgeordneter ins Parlament gewählt; ebenfalls 1510 übernimmt er das Amt des Undersheriffs in London; 1511 ehelicht er nach dem Tod seiner ersten Frau Jane die ältere Witwe Alice Middleton. Im Jahr 1515 betraut der englische König Heinrich VIII. den aufgrund seiner fachlichen Kompetenz und persönlichen Integrität äußerst angesehenen Thomas Morus mit einer diplomatischen Mission, die ihn nach Flandern in die Städte Brügge, Mechelen und Antwerpen führt;

hier entsteht das zweite Buch der *Utopia*, und hier verortet Morus auch die Rahmenhandlung seines berühmtesten Werkes. Nach seiner Rückkehr kann Morus sich dem Drängen Heinrichs VIII. nicht länger entziehen und tritt schließlich trotz großer Vorbehalte in den Dienst des Königs; ab 1517 ist er Mitglied des Kronrates, ab 1518 königlicher Sekretär. In den folgenden Jahren übernimmt Morus verschiedene Aufgaben und Ämter in der Administration und der Rechtsprechung; 1521 wird er in den Ritterstand erhoben; 1529 wird er zum Lordkanzler ernannt. Zu diesem Zeitpunkt ist das Verhältnis zu seinem Dienstherrn bereits deutlich angespannt, da Morus dem Wunsch des Königs, seine Ehe mit Katharina von Aragon annullieren zu lassen, ablehnend gegenübersteht. Als Heinrich VIII. schließlich zur Durchsetzung seiner Ziele offen mit dem Papst bricht und die Suprematie über die englische Kirche selbst beansprucht, tritt Morus am 16. Mai 1532, einen Tag nach der „submission of the clergy", von seinem Amt als Lordkanzler zurück. Da er sich seinem Gewissen folgend standhaft weigert, die Suprematie des Königs durch einen Eid anzuerkennen, wird er am 1. Juli 1535 nach längerer Kerkerhaft wegen Hochverrats zum Tode verurteilt. Das Urteil wird am 6. Juli vollstreckt; 400 Jahre später wird Thomas Morus heiliggesprochen.

PROSPECTVS TVRRIS ECCLESIÆ CATHEDRALIS, BEATISSIMÆ VIRGINIS MARIÆ, DEI PARÆ ANTVERPIÆ, OCCIDENTEM VERSVS.

Abb. 2: Die Liebfrauenkirche in Antwerpen; in ihrem Schatten sollen sich Thomas Morus und Raphael Hythlodeus zum ersten Mal begegnet sein. (Johann Dominicus Quaglio, Die Kathedrale zu Antwerpen, 1820).

Der Dialog *Utopia* und seine Figuren

Monika Steffens

Szenerie

Im Rahmen seiner diplomatischen Mission in Flandern weilt Thomas Morus 1515 für einige Zeit in Antwerpen. Eines Tages begegnet ihm, nachdem er in der Liebfrauenkirche den Gottesdienst besucht hat, sein Freund Peter Gilles und stellt ihm den portugiesischen Philosophen und Weltreisenden Raphael Hythlodeus vor. Nach einem kurzen Gespräch lädt Morus die bei-

Abb. 3: John Clement, Raphael Hythlodeus, Thomas Morus und Petrus Aegidius im Garten des Thomas Morus in Antwerpen. Holzschnitt von Ambrosius Holbein, 1518; als Illustration abgedruckt in Johann Frobens Ausgabe der *Utopia* von 1518.
Morus, Thomas: DE OPTIMO REIP. STATV DEQVE noua insula Vtopia libellus uere aureus, nec minus salutaris quam festiuus [...]; Basel 1518; Seite 25.
Universitäts- und Landesbibliothek Düsseldorf NLAT216:INK.

den Männer in sein Haus ein, wo sich alle drei gemeinsam mit John Clement auf dem Rasen niederlassen, um Fragen der politischen Philosophie zu diskutieren und Raphaels Berichten aus der neuen Welt zu lauschen.

Dialogfiguren

John Clement

Geboren ca. 1500, gestorben 1572; englischer Humanist und später berühmter Arzt. Er gehört um 1515 zum Haushalt des Thomas Morus und heiratet 1526 dessen Adoptivtochter Margaret Giggs. John Clement folgt dem Gespräch schweigend.

Raphael Hythlodeus

Fiktive Figur; portugiesischer Philosoph. Er hat sein Erbe an seine Brüder verschenkt und sich dem Seefahrer Amerigo Vespucci auf den letzten drei seiner vier Weltreisen angeschlossen. Am Ende der letzten Reise ist er auf eigenen Wunsch mit einigen Gefährten in der neuen Welt zurückgeblieben, um die dortigen Länder und Menschen kennenzulernen, und hat schließlich fünf Jahre in Amaurotum, der Hauptstadt der Insel Utopia, gelebt, bevor er mit anderen portugiesischen Seefahrern wieder heimgekehrt ist. Sein Name ist ein sprechender Name. Der Vorname Raphael ist hebräisch und bedeutet „Gott heilt" (von *rafa* – heilen und *el* – Gott). Der Nachname Hythlodeus ist ein Kompositum aus den griechischen Worten *hythlos* und *daios*. Der Begriff *hythlos* bedeutet „leeres Geschwätz", die übliche Bedeutung des Wortes *daios* ist „feindlich" bzw. „Feind" oder auch „vernichtend, zerstörend"; Hythlodeus bedeutet somit „Feind leeren Geschwätzes" oder vielleicht sogar „Zerstörer hohler Phrasen". Die in der einschlägigen Sekundärliteratur bei der Interpretation des Nachnamens nahezu ausschließlich berücksichtigte alternative Bedeutung des Begriffs *daios*, nämlich „kundig" oder „erfahren", ist hingegen in der griechischen Literatur kaum belegt; sogar wenn der Autor selbst sie gekannt hat, konnte er jedenfalls nicht annehmen, von seinen Lesern in diesem Sinne verstanden zu werden. Die hierauf basierenden Deutungen des Namens Hythlodeus sind daher wenig überzeugend.

Thomas Morus

Der Autor schildert den gesamten Dialog in der Ich-Perspektive und porträtiert sich selbst als Gesprächspartner des Raphael Hythlodeus. Allerdings sollte das lyrische Ich hier nicht pauschal mit dem Autor identifiziert werden.

Petrus Aegidius

Peter Gilles, geboren 1486, gestorben 1533; bekannter Humanist und Stadtschreiber von Antwerpen. Ein enger Freund des Erasmus von Rotterdam und seit 1515 auch des Thomas Morus.

Aufbau

Der Dialog besteht aus zwei Büchern. Das erst 1516 nachträglich verfasste erste Buch schildert die Diskussion, die Raphaels Erzählung von der Insel Utopia vorausgegangen ist. Es thematisiert die zu diesem Zeitpunkt für den Autor selbst entscheidende Frage, ob ein Philosoph oder Gelehrter als Berater eines Fürsten politisch tätig sein sollte; im Rahmen der hierbei von Raphael verwendeten Beispiele werden aktuelle Probleme der zeitgenössischen Gesellschaft analysiert und Ansätze zur Verbesserung der Situation formuliert. Schließlich führt die These, eine echte Beseitigung der Schwierigkeiten sei nur durch eine prinzipielle Reform und die Einführung einer umfassenden ökonomischen und politischen Gleichheit aller Bürger möglich, zur Darstellung der Insel Utopia und ihrer vorbildlichen Verfassung.

Das 1515 in Flandern entstandene zweite Buch enthält hauptsächlich Raphaels Bericht von der Insel Utopia und ihrer Verfassung; es endet mit einem kontrastierenden Vergleich der utopischen Verfassung mit der zeitgenössischen sozialen und politischen Praxis in den Staaten Europas.

Die utopische Verfassung

Grundlage der utopischen Verfassung ist die umfassende ökonomische, politische und soziale Gleichheit aller Bürger. Diese Gleichheit, die im Lichte der hier verwendeten platonischen Konzeption als geometrische bzw. proportionale Gleichheit zu charakterisieren ist, gewährleistet die für ein glückliches Leben erforderlichen Rahmenbedingungen und ist somit nach Raphaels Überzeugung für eine wahrhaft am Gemeinwohl orientierte Politik unabdingbar; alle anderen Prinzipien der utopischen Verfassung sind daher konsequent von ihr abgeleitet.

Das bis heute wohl bekannteste und umstrittenste dieser Prinzipien ist die im Sinne der ökonomischen Gleichheit eingeführte Gütergemeinschaft. In Utopia ist das Privateigentum ebenso abgeschafft wie die Geldwirtschaft; die vorhandenen Güter werden bedarfsgerecht verteilt. Auf diese Weise soll sichergestellt werden, dass der gemeinsam erwirtschaftete materielle Wohlstand allen Bürgern gleichermaßen zugute kommt. Die Verteilung der Güter erfolgt dem Konzept der geometrischen Gleichheit entsprechend streng nach dem Leistungsprinzip; hierbei wird jedoch nicht der Marktwert einer Leistung, sondern die individuelle Leistung selbst bzw. die Leistungsbereitschaft eines Menschen honoriert. In Utopia besteht eine allgemeine Arbeitspflicht; jeder arbeitsfähige Bürger muss sechs Stunden täglich sein Handwerk ausüben, um die ökonomische Basis des Staates zu gewährleisten. In gewisser Weise hiervon ausgenommen sind lediglich die gewählten Amtsträger, die offenbar während der üblichen Arbeitszeit ihre jeweiligen Amtspflichten erfüllen, sowie die sogenannten *Litterati*, die Wissenschaftler, die sich anscheinend in der Regel deutlich mehr als sechs Stunden pro Tag ihrer wissenschaftlichen Tätigkeit widmen. Jeder Utopier, der pflichtgemäß arbeitet und seine Leistung in den Dienst der Gemeinschaft stellt oder aber unverschuldet arbeitsunfähig ist, hat ein Recht auf den gleichen Lebensstandard und wird seinen individuellen Bedürfnissen entsprechend bei der Verteilung der Güter berücksichtigt. Rigoros von der Güterverteilung ausgeschlossen bleibt hingegen, wer die geschuldete Arbeitsleistung ohne legitimen Grund verweigert. Die genannten Regelungen gelten in Utopia übrigens ausdrücklich nicht nur für Männer, sondern auch für Frauen, die ihren männlichen Mitbürgern in ökonomischer Hinsicht völlig gleichgestellt sind.

Die politische Gleichheit findet – auch in der einschlägigen Forschungsliteratur – meist weniger Beachtung als die ökonomische. Da alle Menschen gleichermaßen vernunftbegabt sind, wird in Utopia prinzipiell keinem Bürger das Recht auf politische Partizipation verwehrt; Herrschaft in jeder Form bedarf hier der Legitimation durch das Volk. Das von Raphael geschilderte politische System des utopischen Staates entspricht in seinen Grundzügen einer repräsentativen Demokratie; ausnahmslos alle Amtsträger werden in freien und geheimen Wahlen mittelbar oder unmittelbar durch das Volk bestimmt. Hierbei verfügen offenbar alle Bürger über das aktive Wahlrecht, während das passive Wahlrecht für die höheren Staatsämter allein den *Litterati*, also den Wissenschaftlern, vorbehalten ist. Diese Einschränkung entspricht jedoch sowohl dem Konzept der geometrischen Gleichheit, weil sie aufgrund der individuell verschiedenen Qualifikation der Bürger erfolgt, als auch dem Demokratieprinzip, da über die Zugehörigkeit eines Menschen zum Stand der *Litterati* wiederum mittelbar das Volk entscheidet. Auch über die Wahlen hinaus wird in Utopia die umfangreiche politische Partizipation aller Bürger durch verschiedene Regelungen und Maßnahmen gefördert; das strikte Verbot jeglicher Geheimdiplomatie gewährleistet beispielsweise die angemessene Transparenz politischer Prozesse, und im Rahmen der äußerst dezentralen Struktur des Staates ist die aktive Beteiligung aller Utopier an der politischen Willensbildung nicht nur möglich, sondern insbesondere bei grundlegenden Entscheidungen sogar verpflichtend vorgeschrieben. Hierbei werden die Bürgerinnen anscheinend häufig ebenso einbezogen wie ihre männlichen Mitbürger. Raphaels diesbezügliche Angaben sind zwar zu spärlich und zu unpräzise, um detaillierte Aussagen über die politischen Rechte der Frauen in Utopia zu ermöglichen; ausdrücklich erwähnt werden jedoch einige Frauen, die höhere Staatsämter bekleiden und somit auch dem Stand der *Litterati* angehören.

Im Hinblick auf die umfassende soziale Gleichheit aller Bürger sind besonders zwei Prinzipien der utopischen Verfassung signifikant: das Recht auf freien, gleichen Zugang zu Bildung und der Grundsatz der Religionsfreiheit. Da nach Ansicht der Utopier das Glück des Menschen in seiner geistigen Entfaltung liegt, muss eine am Gemeinwohl orientierte Politik allen Bürgern gleichermaßen den optimalen Zugang zu Bildung ermöglichen. In Utopia geschieht dies zunächst durch die allgemeine Schulpflicht. Anschließend werden die jeweils Begabtesten mittelbar durch das Volk ausgewählt und dauerhaft von jeder handwerklichen Tätigkeit freigestellt, um sich – auch zum Wohle des Staates – ganz der Wissenschaft zu widmen; sie bilden den Stand der sogenannten *Litterati*, also der Gelehrten bzw. der Wissenschaftler. Die *Litterati* sind verpflichtet, neben ihrer eigentlichen wissenschaftlichen Tätigkeit täglich öffentliche Vorlesungen zu veranstalten, damit auch die Menschen, deren spezielle Begabung nicht unbedingt akademischer Natur ist, zumindest in einem gewissen Umfang an wissenschaftlichem Diskurs und philosophischer Reflexion teilhaben können. Diese Verpflichtung erscheint angesichts der utopischen Maxime, den vielfältigen und verschiedenen menschlichen Leistungen grundsätzlich dieselbe Wertschätzung entgegenzubringen, angemessen und fair, da ja die Handwerker die Früchte ihrer besonderen Begabungen und täglichen Arbeit unter anderem auch den *Litterati* freigebig zur Verfügung stellen. Die verhältnismäßig geringe Arbeitsbelastung in den Handwerksberufen eröffnet schließlich auch zeitlich jedem Menschen die Möglichkeit, sich seinen Interessen entsprechend weiterzubilden. Frauen und Männer sind hierbei wie in bildungspolitischer Hinsicht generell vollkommen gleichberechtigt.

Da nach Ansicht der Utopier nicht nur die verschiedenen Leistungen der Menschen, sondern in noch höherem Maße natürlich ihre persönlichen Überzeugungen und Gewissensurteile prinzipiell gleichermaßen Respekt

Planstadt

Politische Institutionen

Senat / 20 Traniboren

200 Syphogranten

Barzanes

Wahl

Wahl

Wahl

Volksversammlung

Vorschlag

6000 Familien

TOP-
MENÜ

Schließen

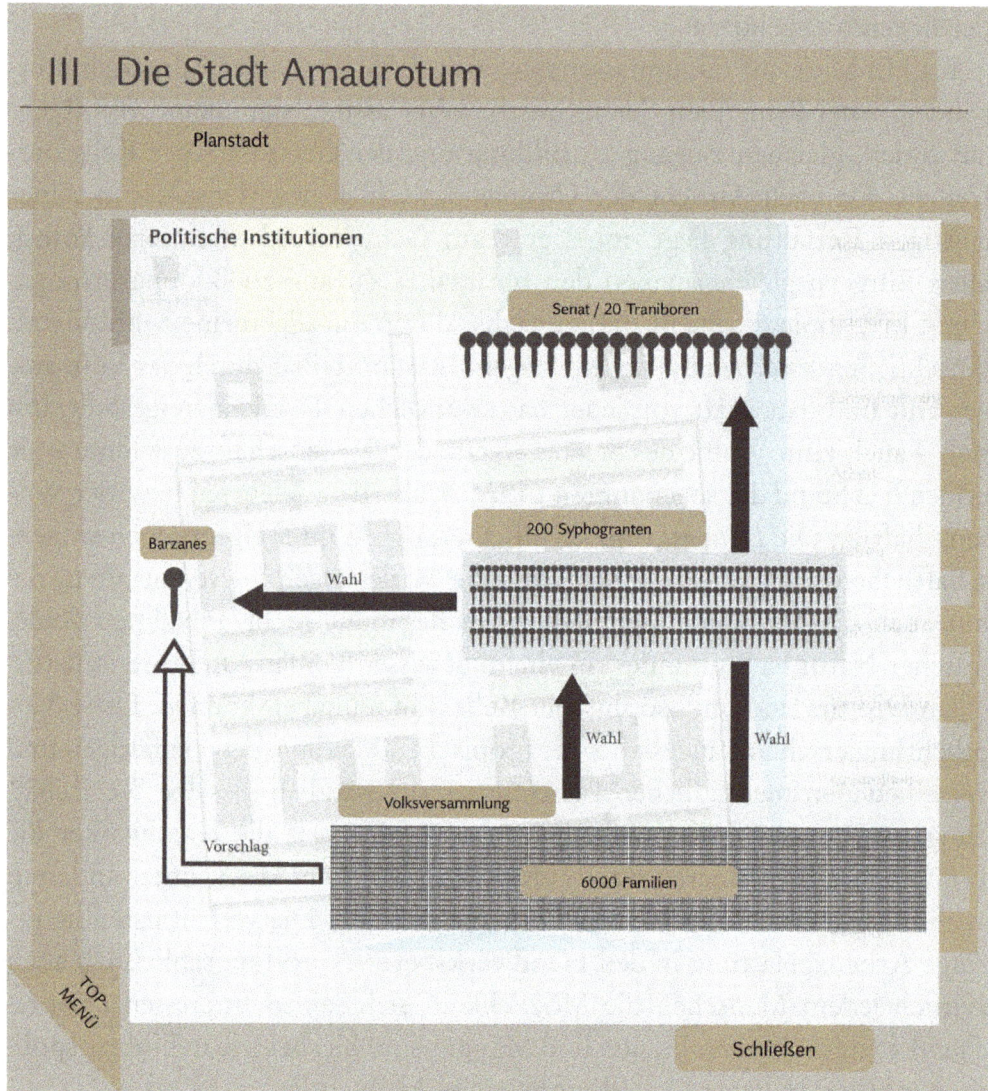

Abb. 4: Die politischen Institutionen einer utopischen Stadt; entnommen aus dem interaktiven Rundgang über die Insel Utopia; erstellt von Christof Neumann und Monika Steffens.

20

verdienen, ist Raphaels Bericht zufolge einer der ältesten utopischen Verfassungsgrundsätze die Religionsfreiheit. Niemand darf wegen seiner Religion benachteiligt werden, sofern er sich – das ist die einzige Einschränkung – zumindest überhaupt zu einem im weitesten Sinne religiösen Weltbild bekennt. Atheisten werden von der politischen Partizipation ausgeschlossen, müssen aber darüber hinaus keinerlei Sanktionen fürchten. Jeder Mensch darf in Utopia seine religiösen Überzeugungen öffentlich erläutern und begründen, um auch andere für seine Ansichten zu gewinnen, solange dies friedlich und mit angemessenem Respekt vor den Auffassungen der Andersdenkenden geschieht. Diese Regelung dient, wie Raphael betont, sowohl dem gesellschaftlichen Frieden als auch der Erforschung der Wahrheit.

Im Europa des frühen 16. Jahrhunderts ist die Realisierung der hier skizzierten Verfassungsprinzipien noch wahrhaft ‚utopisch‘, und Morus selbst bezeichnet sie am Ende seines Werkes eher als frommen Wunsch denn als begründete Hoffnung.

Heute, ein halbes Jahrtausend später, hat sich die Situation jedoch grundlegend gewandelt. Die Anerkennung der prinzipiellen und unveräußerlichen Gleichwertigkeit und Gleichberechtigung aller Menschen eröffnet in unserer Zeit feierlich die *Allgemeine Erklärung der Menschenrechte* von 1948 und ist fester Bestandteil der europäischen Verfassungen. Die politische Gleichheit ist in den Demokratien Europas umfassend verwirklicht; auch der freie, gleiche Zugang zu Bildung und die Religionsfreiheit, also die entscheidenden Aspekte der sozialen Gleichheit in Utopia, sind im heutigen Europa als Grund- und Menschenrechte garantiert. Lediglich die von Raphael geschilderte ökonomische Gleichheit ist hier derzeit nicht realisiert. Eine gewisse Annäherung an den utopischen Verfassungsgrundsatz ist zwar beispielsweise durch das Prinzip der Sozialstaatlichkeit oder das Konzept der sozialen Marktwirtschaft gelungen; von der in Utopia geforderten gleichen Wertschätzung für die verschiedenen menschlichen Leistungen und von einem auch nur ungefähr gleichen Lebensstandard für alle Menschen, die ihre

Herzlich Willkommen in Utopia

Abb. 5: Startbild des interaktiven Rundgangs über die Insel Utopia; erstellt von Christof Neumann und Monika Steffens.

jeweilige Leistung in den Dienst der Gemeinschaft stellen oder arbeitsunfähig und unverschuldet in Not geraten sind, sind wir aber dennoch weit entfernt.

Die detaillierte Ausgestaltung der utopischen Verfassungsprinzipien kann ebenso wie die politischen Institutionen, das Arbeits- und Privatleben, das Bildungssystem und andere Einrichtungen und Gewohnheiten der Utopier im Vergleich mit der zeitgenössischen sowie der gegenwärtigen ökonomischen, politischen und sozialen Realität in Europa bei einem interaktiven Rundgang über die Insel Utopia und durch ihre Hauptstadt Amaurotum erkundet werden. Dieser Rundgang, der im Rahmen der Ausstellung auf dem Touch-Display präsentiert wurde, ist jetzt unter folgendem Link zugänglich:

http://www.ulb.hhu.de/ueberblick-gewinnen/presse-und-oeffentlichkeitsarbeit/ausstellungen/ausstellungen-2016/utopia.html.

Die *Utopia* in ihrem geistesgeschichtlichen Kontext

Monika Steffens

Antike und Humanismus

Thomas Morus gilt zu Recht als einer der bedeutendsten Repräsentanten des englischen Renaissancehumanismus. Seine Begeisterung für antike Philosophie und Literatur im Allgemeinen sowie für Platon und den Platonismus im Besonderen wird vermutlich bereits während seines Studiums in Oxford geweckt. Wenige Jahre später erlernt Morus unter Anleitung von William Grocyn und Thomas Linacre die griechische Sprache und übersetzt schließlich 1506 gemeinsam mit seinem Freund Erasmus von Rotterdam einige Dialoge des Lukian von Samosata ins Lateinische. Die feinsinnige Ironie des antiken Satirikers trifft Morus' Geschmack und prägt insbesondere in der *Utopia* auch seinen eigenen Stil.

Das entscheidende Vorbild für die *Utopia* ist jedoch eindeutig Platons politische Philosophie. Dies wird schon in dem bekannten Hexastichon des Dichters Anemolius deutlich, das bereits in der Erstausgabe der *Utopia* dem eigentlichen Text vorangestellt ist und das vermutlich ebenfalls von Morus verfasst wurde. In diesem Gedicht tritt die personifizierte Utopia vor den Leser, erläutert ihren Namen und interpretiert sich selbst als Realisierung der platonischen Staatskonzeption. Anders als häufig angenommen bedeutet das allerdings keineswegs, dass die Utopia mit dem in der platonischen *Politeia* entworfenen Idealstaat übereinstimmt. Dieser Staatsentwurf kann aufgrund seines paradigmatischen Charakters grundsätzlich nur annähernd verwirklicht werden, wie Platon in seinen Werken mehrfach betont. Die optimale Verwirklichung des Idealstaates wird in dem Spätdialog *Nomoi* geschildert, daher orientiert Morus sich in der *Utopia* konsequenterweise an dieser Konzeption.

Exemplarisch kann dies anhand des utopischen Verfassungsprinzips der umfassenden sozialen, politischen und ökonomischen Gleichheit aller Bürger gezeigt werden, das der Erzähler Raphael *expressis verbis* mit Platon in Verbindung bringt. In diesem Falle wird aus dem 5. Buch der *Nomoi* nicht nur der Grundgedanke, sondern sogar das in diesem Kontext verwendete Sprichwort „Unter Freunden ist alles gemeinsam" (*koina ta philon*) in verkürzter lateinischer Version übernommen.

Einen gewissen Vorbildcharakter für ganze Passagen der *Utopia* gewinnen neben den platonischen Dialogen nur noch die philosophischen Schriften Ciceros; einzelne Anregungen greift Morus jedoch auch von unzähligen anderen antiken Autoren auf.

Übersetzung des Hexastichon (Abb. 6):

Hexastichon des mit Lorbeer bekränzten Dichters Anemolius, /
Hythlodeus' Neffen von seiner Schwester her /
auf die Insel Utopia

Utopia hieß ich bei den Alten wegen meiner Einsamkeit, /
Nun bin ich Rivalin des Platonischen Staates, /
Vielleicht sogar Siegerin über ihn, (denn was er mit Worten /
bezeichnet hat, das habe ich allein dargeboten) /
mit Männern, Schätzen und den besten Gesetzen /
Eutopia ist der Name, mit dem ich rechtens zu nennen bin. /

(Übersetzung nach B. Kytzler, Zur neulateinischen Utopie, in: Vosskamp (Hrsg.),
Utopieforschung, Bd. 2, Stuttgart 1982, S. 198.)

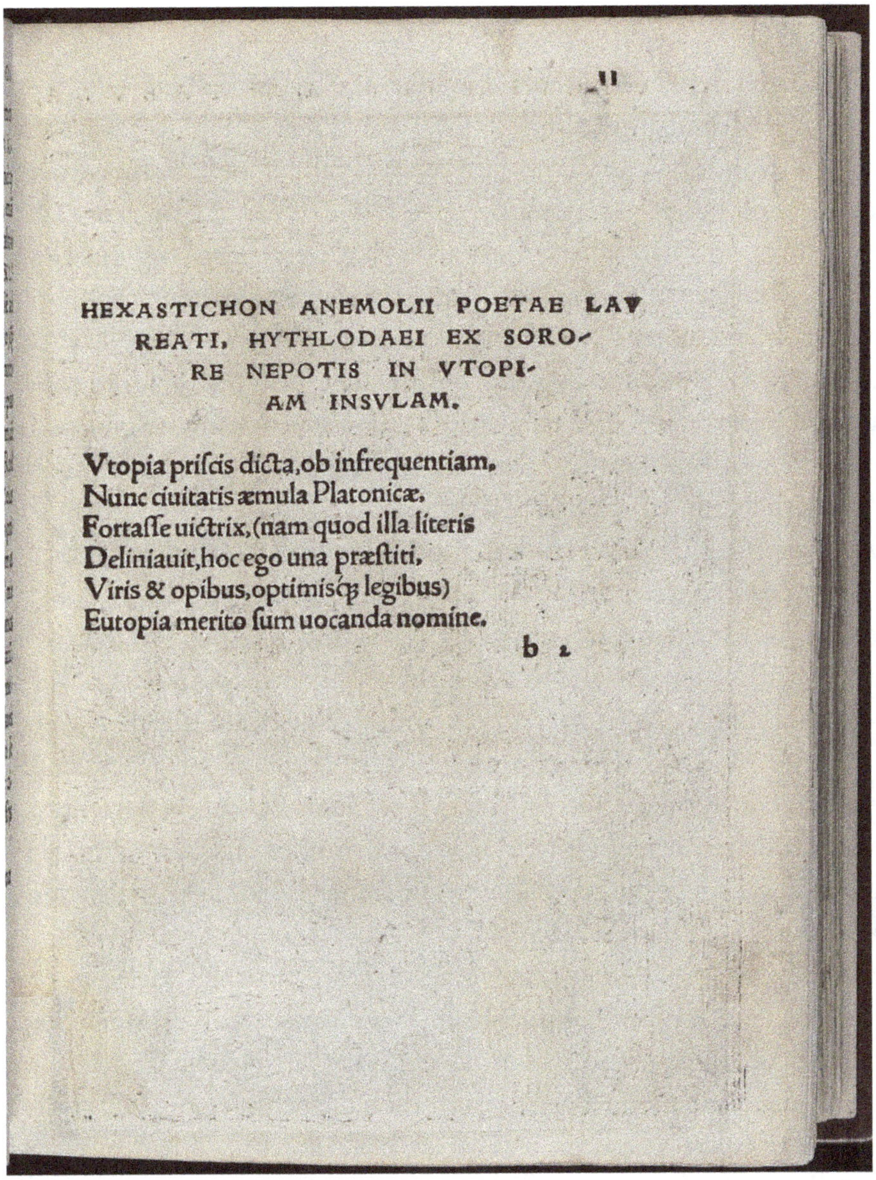

HEXASTICHON ANEMOLII POETAE LAV
REATI, HYTHLODAEI EX SORO-
RE NEPOTIS IN VTOPI-
AM INSVLAM.

Vtopia prifcis dicta, ob infrequentiam,
Nunc ciuitatis æmula Platonicæ.
Fortaffe uictrix, (nam quod illa literis
Deliniauit, hoc ego una præftiti,
Viris & opibus, optimifcp legibus)
Eutopia merito fum uocanda nomine.

b 2

Abb. 6: Morus, Thomas: DE OPTIMO REIP. STATV DEQVE noua insula Vtopia libellus
uere aureus, nec minus salutaris quam festiuus [...]; Basel 1518; Seite 11.
Universitäts- und Landesbibliothek Düsseldorf: NLAT216:INK.

Die Neue Welt

Im 15. Jahrhundert beginnt das Zeitalter der Entdeckungen, deren weltgeschichtlich bedeutsamste ohne Zweifel die Entdeckung Amerikas ist. Als Christoph Kolumbus am 12. Oktober des Jahres 1492 erstmals amerikanischen Boden betritt, ist er jedoch der festen Überzeugung, die Ostküste Asiens erreicht zu haben. Die Erkenntnis, auf einen bislang unbekannten, separaten Kontinent gestoßen zu sein, setzt sich erst später durch.

Den entscheidenden Beitrag zur allgemeinen Verbreitung dieser das geografische Weltbild revolutionierenden Einsicht leistet der Florentiner Kaufmann und Seefahrer Amerigo Vespucci, der sie in seinem spätestens 1504 veröffentlichten Brief an Lorenzo di Pier Francesco de' Medici nachdrücklich vertritt. Seine in diesem Zusammenhang verwendete Formulierung *mundus novus*, „Neue Welt", wird infolge der großen Popularität des Textes bald zum *Terminus technicus*.

Wenige Jahre später erstellt der Kartograf und Theologe Martin Waldseemüller erstmals eine auf diesen neuen Erkenntnissen basierende Weltkarte. Er veröffentlicht sie 1507 im Kontext seiner gemeinsam mit dem Geografen und Dichter Matthias Ringmann verfassten *Cosmographie Introductio*, der neben dem berühmten *Mundus Novus*-Brief auch Vespuccis Bericht über seine vier Seefahrten beigefügt ist. Da Waldseemüller fälschlich Amerigo Vespucci für den Entdecker hält, gibt er auf seiner Karte dem neuen südlichen Teilkontinent den Namen *America*.

Wie viele andere Gelehrte seiner Zeit verfolgt natürlich auch Thomas Morus die Erweiterung des geografischen Horizonts sowie die verschiedenen, oftmals phantastisch anmutenden Berichte aus der Neuen Welt mit großem Interesse. An einen dieser Berichte, nämlich die Schilderung der vierten Seefahrt des Amerigo Vespucci, knüpft er bei der Konzeption seiner *Utopia* unmittelbar an, indem er den fiktiven Erzähler Raphael Hythlodeus als Reisegefährten Vespuccis vorstellt, der – wie auch in Vespuccis eigener Darstellung kurz erwähnt – freiwillig mit 23 anderen Europäern in einem Kastell in der Neuen Welt zurückbleibt, um den unbekannten Erdteil zu erkunden.

Wo genau nun die im Rahmen dieser Expedition entdeckte neue Insel Utopia zu finden ist, hat Raphael Morus zufolge leider zu erklären vergessen. Auf Basis der wenigen genannten Informationen erstellt jedoch der Antwerpener Abraham Ortelius (1527-1598) etliche Jahre später eine kartografische Rekonstruktion der Utopia und ihrer Nachbarn. Die von seinem Freund Johannes Matthäus Wacker von Wackenfels erdachten und auf der Karte verzeichneten Namen der vielen Städte und Flüsse sind in ca. 10 verschiedenen Sprachen den Namen *Utopia*, *Amaurotum* und *Anydrus* nachempfunden, damit sich alle Nationen in Utopia wiedererkennen können.

Abb. 7: Martin Waldseemüllers Weltkarte mit dem Schriftzug America. Waldseemüller, Martin: Universalis cosmographia secundum Ptholomaei traditionem et Americi Vespucii alioru[m]que lustrationes; 1507. Library of Congress, Washington, D.C. Permalink: https://lccn.loc.gov/2003626426.

Abb. 8: Karte der Insel Utopia und ihrer Nachbarn von Abraham Ortelius.

Planstädte und Idealstädte in der Renaissance

Aristoteles zufolge steht in der Antike schon am Beginn der vielfältigen Reflexionen über den besten Staat neben diversen Politikern auch ein Architekt: Hippodamos von Milet. Obwohl die Quellen über sein Leben und Werk äußerst spärlich sind, lassen sie dennoch bereits jene charakteristische Synthese von Idealstaatskonzeption und Stadtplanung erkennen, die den weiteren staatsphilosophischen Diskurs bis in die Neuzeit hinein prägen wird.

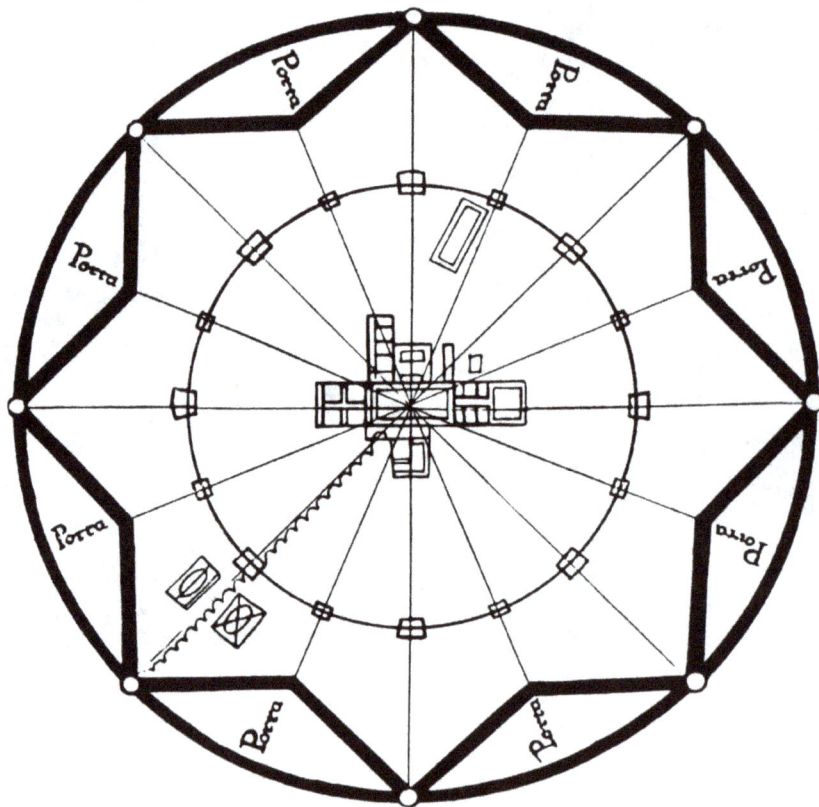

Abb. 9: Filaretes Plan der Idealstadt Sforzinda aus seinem Trattato di architettura; entstanden ca. 1460–64.

Von antiken Vorbildern beeinflusst wird in der Renaissance in besonderem Maße die gegenseitige Abhängigkeit von politischer und architektonischer Struktur einer Stadt betont; das bekannteste Beispiel hierfür ist Filaretes Entwurf der Idealstadt Sforzinda in seinem *Trattato di architettura*.

Auch Thomas Morus befasst sich daher – teilweise unter Rückgriff auf Vitruv – in seiner *Utopia* mit der Thematik der Stadtplanung. Die ausführlich geschilderte Hauptstadt Amaurotum ist ebenso wie alle utopischen Städte eine Planstadt, deren Konzeption dem Erzähler Raphael zufolge auf den Staatsgründer Utopos zurückzuführen ist. Charakteristisch für das Stadtbild sind hier neben dem auf strengen geometrischen Formen basierenden Grundriss offenbar besonders die jeweils einen Garten umschließenden Häuserblöcke und die vier Marktplätze der Stadt. Die bauliche Gestaltung verbindet Funktionalität mit Ästhetik und steht insgesamt im Dienste der politischen Struktur, indem sie die Prinzipien der Verfassung gleichsam architektonisch illustriert.

Abb. 10: Plan der utopischen Hauptstadt Amaurotum; rekonstruiert nach Raphaels Schilderungen im zweiten Buch der *Utopia* von Christof Neumann und Monika Steffens, Düsseldorf 2016.

Morus' Darstellung der Stadt Amaurotum inspiriert neben vielen anderen Gelehrten und Künstlern wie z. B. Albrecht Dürer auch den Architekten Heinrich Schickhardt, der Ende des 16. Jahrhunderts von dem württembergischen Herzog Friedrich I. mit der Planung der neu zu gründenden Stadt Freudenstadt beauftragt wird. Sein erster Entwurf weist eine gewisse Affinität mit Morus' Konzept auf; insbesondere die Anordnung der Häuser in Blöcken, in deren Zentrum sich jeweils ein Hof oder Garten befindet, erinnert an Amaurotum. Grundriss und Gliederung der Stadt basieren auf einer quadratischen Struktur; Rathaus und Kirche sind zentral gelegen, das Schloss hingegen soll an der Stadtmauer errichtet werden. Wie präsent die politischen Implikationen architektonischer Entscheidungen im Bewusstsein der Menschen zu dieser Zeit sind, dokumentiert schließlich eindrucksvoll die Reaktion des Herzogs: Auf seine Anordnung hin werden die Pläne dahin gehend geändert, dass sein Schloss von der Peripherie ins Zentrum der Stadt rückt; hierbei wird auch die Blockbauweise zugunsten einer Zeilenbauweise aufgegeben.

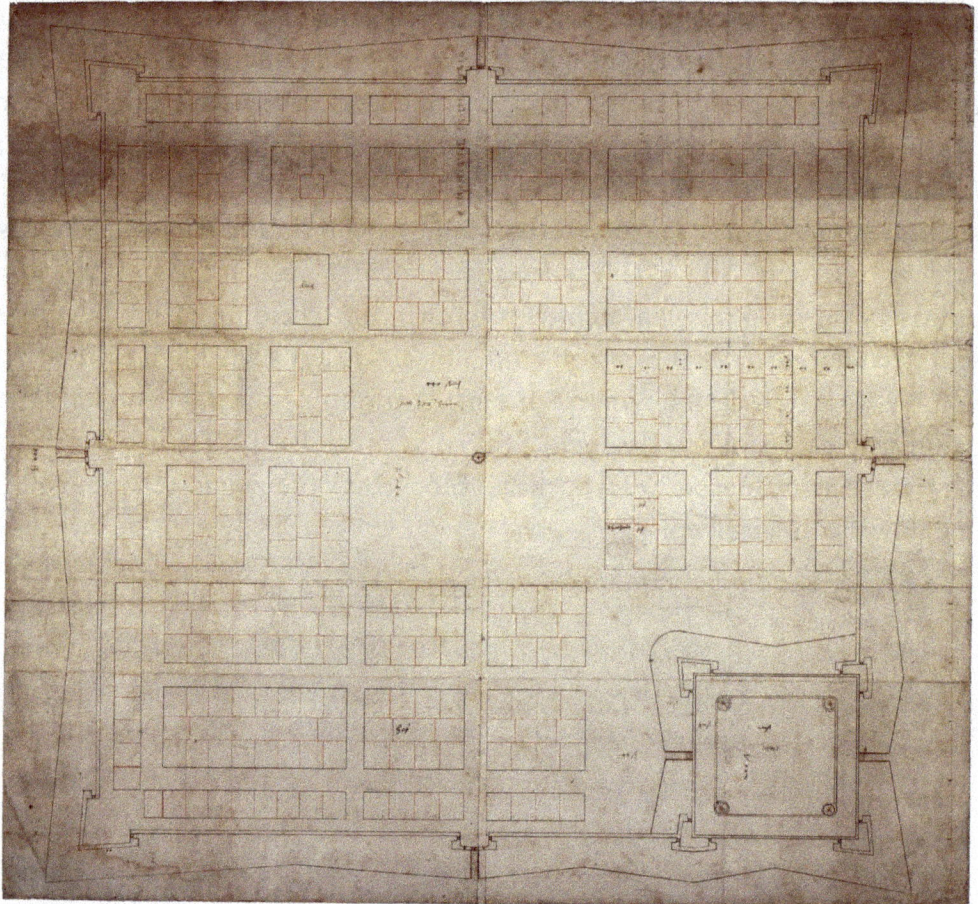

Abb. 11: Heinrich Schickhardts erster Entwurf für Freudenstadt, 1599. Landesarchiv Baden-Württemberg; Abt. Hauptstaatsarchiv Stuttgart N 220 B 12, Bild 1. Permalink: http://www.landesarchiv-bw.de/plink/?f=1-118397-1.

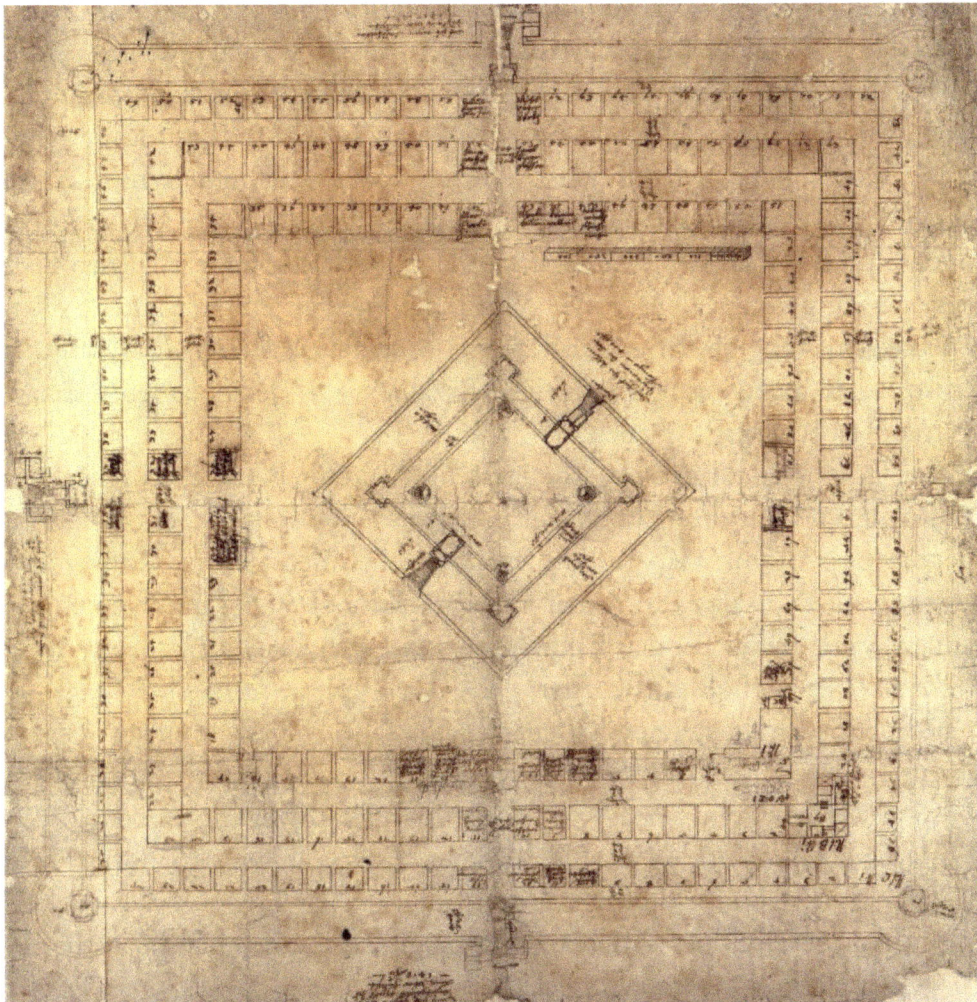

Abb. 12: Heinrich Schickhardts letzter, nach den Vorgaben des Herzogs modifizierter Entwurf für Freudenstadt, 1599. Landesarchiv Baden-Württemberg; Abt. Hauptstaatsarchiv Stuttgart N 220 B 2, Bild 1.
Permalink: http://www.landesarchiv-bw.de/plink/?f=1-118390-1.

Thomas Morus' Gesamtwerk

Sein erstes größeres Werk verfasst Morus um 1504: *The Life of John Picus*, eine Übertragung der Biografie und einiger kurzer Schriften des Giovanni Pico della Mirandola ins Englische. Der neben Ficino bedeutendste Repräsentant des Renaissanceplatonismus verkörpert für Morus das Ideal des humanistisch gebildeten, frommen Laien sowie die gelungene Synthese von antiker Philosophie und Christentum. Sein Einfluss ist in der *Utopia* insbesondere im Rahmen der Überlegungen zum Wert des interreligiösen Dialogs und zur prinzipiellen Einheit aller Religionen erkennbar; zudem dürfte Picos Anrufung des Erzengels Raphael in seiner *Rede über die Würde des Menschen* zur Benennung des fiktiven Erzählers mit dem Namen Raphael Hythlodeus beigetragen haben.

Eine noch weitaus größere thematische Affinität besteht zwischen der *Utopia* und den in ihrem unmittelbaren zeitlichen Kontext entstandenen Werken des Thomas Morus. Insbesondere die auch für die Konzeption der *Utopia* bedeutsame Problematik des Machtmissbrauchs durch einen Tyrannen wird sowohl in den *Epigrammen* als auch in der *History of King Richard III* wiederholt aufgegriffen.

Bedingt durch die zeitgenössischen historischen Entwicklungen verfasst Morus in den darauf folgenden Jahren nahezu ausschließlich kontrovers-theologische Schriften. Seine während der Haft im Tower entstandenen Werke hingegen dokumentieren schließlich eindrucksvoll, wie Morus über sein eigenes Schicksal philosophisch und theologisch reflektiert und es im Vertrauen auf seine philosophischen Überzeugungen und seinen christlichen Glauben standhaft meistern kann.

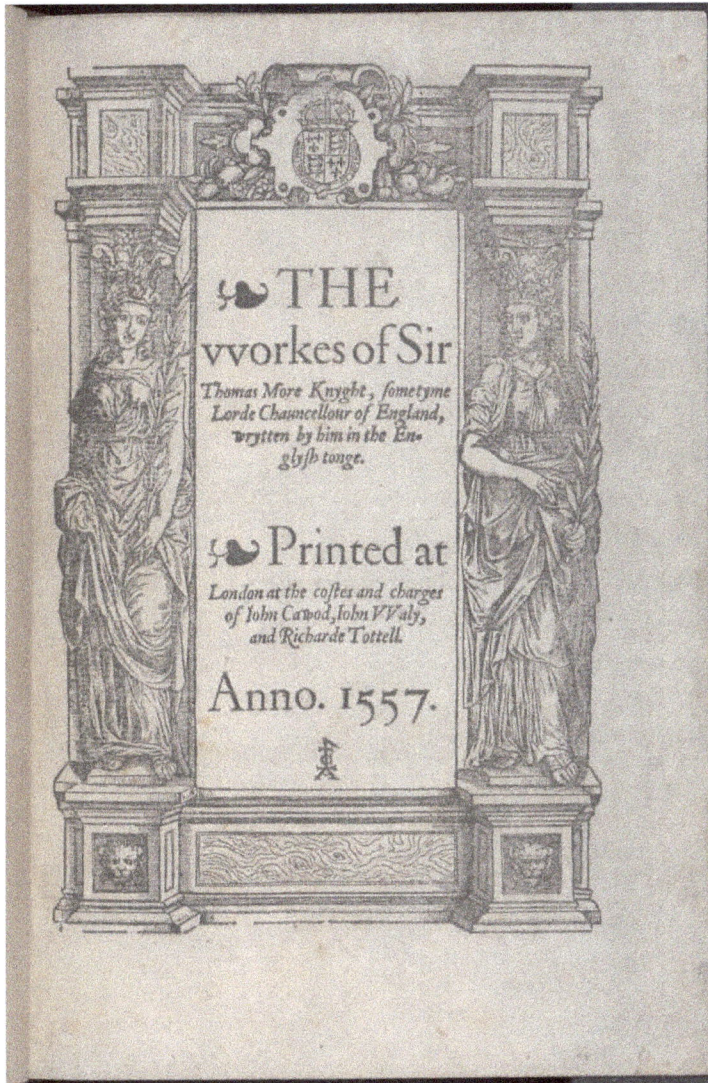

Abb. 13: Titelseite des prachtvollen Düsseldorfer Exemplars der ersten Gesamtausgabe aller englischen Werke des Thomas Morus von 1557.
Morus, Thomas: THE vvorkes of Sir Thomas More Knyght, sometyme Lorde Chauncellour of England, wrytten by him in the Englysh tonge; London 1557. Universitäts- und Landesbibliothek Düsseldorf. morm210.l847 urn:nbn:de:hbz:061:1-13682.

Werkübersicht

Ca. 1503	*Nine Pageants*
	Verses to the Book of Fortune
	A Rueful Lamentation
	A Merry Jest
1504–1505	*The Life of John Picus*
1505–1506	Lukian-Übersetzung
1509–1518	*Epigramme*
1514–1518	*History of King Richard III / Historia Richardi regis Angliae eius nominis tertii*
1515–1516	*Utopia*
1522	*The Four Last Things*
1523	*Responsio ad Lutherum*
1529–1534	Kontroverstheologische Schriften
1534–1535	Tower-Werke:
	Treatise on the Passion
	Treatise to receive the Blessed Body
	Dialogue of Comfort against Tribulation
	De Tristitia Christi

Abb. 14: Titelseite der von Dirk Martens gedruckten Erstausgabe der *Utopia*; der beigefügte Holzschnitt illustriert die beschriebene Insel mit ihrer Hauptstadt Amaurotum und dem Fluss Anydrus.
Morus, Thomas: Libellus vere aureus nec minus salutaris quam festivus de optimo reip. statu deq; nova insula Utopia [...]; Leuven 1516. Gleeson Library Digital Collections; Gibson, no. 1; PA8553.U9 1516 http://digitalcollections.usfca.edu/cdm/ref/collection/p264101coll7/id/1076.

Die *Utopia* und der Kontext ihrer Entstehung

Im Jahr 1515 befindet sich Thomas Morus im Auftrag König Heinrichs VIII. in diplomatischer Mission in Flandern. Die dortigen Verhandlungen gestalten sich schwierig und werden schließlich unterbrochen; daher reist Morus nach Antwerpen, wo er nach eigenem Bekunden den freundschaftlichen Austausch mit Petrus Aegidius genießt. Hier entsteht das zweite Buch der *Utopia*; das erste verfasst Morus im darauf folgenden Jahr in seiner Heimatstadt London.

Im Dezember des Jahres 1516 wird die *Utopia* von Dirk Martens in Leuven erstmals gedruckt. Sie wird von dem gebildeten Publikum so begeistert aufgenommen, dass bereits 1517 eine zweite Auflage bei Gilles de Gourmont in Paris erscheint. Johann Froben veröffentlicht 1518 in Basel zwei weitere Ausgaben, eine im März und eine im November. Da hierbei die letzten Korrekturen von Morus' eigener Hand Berücksichtigung finden, dient Frobens Ausgabe in der Regel als Grundlage moderner textkritischer Editionen.

Abb. 15: Holzschnitt der Insel Utopia in der von Ambrosius Holbein überarbeiteten und ver-
feinerten Version; erstmals abgedruckt in Johann Frobens Ausgabe der *Utopia* von
1518.
Morus, Thomas: DE OPTIMO REIP. STATV DEQVE noua insula Vtopia libellus uere
aureus, nec minus salutaris quam festiuus [...]; Basel 1518; Seite 12.
Universitäts- und Landesbibliothek Düsseldorf NLAT216:INK.

Schon vor der Erstveröffentlichung der *Utopia* lässt Morus sein Werk einzelnen angesehenen Humanisten zur kritischen Lektüre und Beurteilung zukommen; ihre Stellungnahmen und Empfehlungsschreiben werden ebenso wie spätere briefliche Reaktionen in unterschiedlicher Auswahl den verschiedenen Ausgaben der *Utopia* beigefügt. Von besonderem Interesse ist hierbei für Morus offenbar das Urteil erfahrener Staatsmänner; dies ist in Bezug auf die bis heute andauernde Kontroverse über die Intention der *Utopia* signifikant. Anders als einzelne moderne Deutungsansätze versteht der Autor seine Schrift offensichtlich keineswegs als unverbindlichen Scherz, und auch seine zeitgenössischen Diskussionspartner betrachten die *Utopia* ungeachtet der stilistisch bedingten satirischen Elemente als einen durchaus ernst zu nehmenden Beitrag zur politischen Philosophie.

Die erste Übersetzung der *Utopia* verfasst 1524 Claudius Cantiuncula, der das zweite Buch des Werkes ins Deutsche überträgt. Noch im 16. Jahrhundert folgen Übersetzungen ins Italienische, Französische, Englische und Niederländische. Inzwischen ist Morus' *Utopia* weltweit bekannt und in die verschiedensten Sprachen übersetzt.

Übersetzung des Tetrastichon (Abb. 16):
Utopos, der Herrscher, hat mich – vormals keine Insel – zu einer Insel gemacht./
Als einziges von allen Ländern und ohne Philosophie habe ich /
den philosophischen Staat abgebildet für die Sterblichen./
Gern teile ich das Meine [mit anderen], ohne Umstände nehme ich Besseres an. /

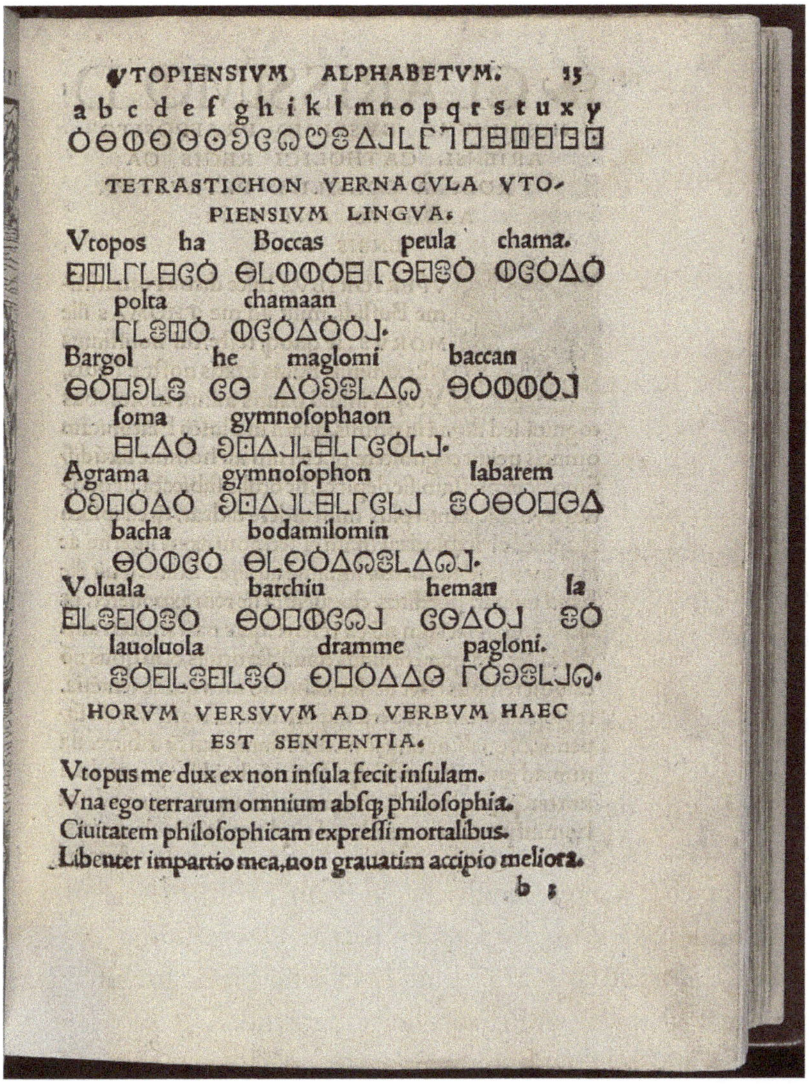

a b c d e f g h i k l m n o p q r s t u x y

ÖӨⵔ⊖⊖⊖Ꝺ⊂⌾♋⊗ꝿ⚼⅃⌶⌐⎍⌂⊟⎅⊟⊟

TETRASTICHON VERNACVLA VTOPIENSIVM LINGVA.

| Vtopos | ha | Boccas | peula | chama. |

polta   chamaan

| Bargol | he | maglomi | baccan |

soma   gymnofophaon

| Agrama | gymnofophon | labarem |

bacha   bodamilomin

| Voluala | barchin | heman | la |

lauoluola   dramme   pagloni.

HORVM VERSVVM AD VERBVM HAEC EST SENTENTIA.

Vtopus me dux ex non infula fecit infulam.
Vna ego terrarum omnium abſçp philoſophia.
Ciuitatem philoſophicam expreſſi mortalibus.
Libenter impartio mea, non grauatim accipio meliora.

b ;

Abb. 16: Petrus Aegidius bereichert die von Morus erdachte Fiktion durch ein utopisches Alphabet und ein Gedicht in utopischer Sprache, dem er eine lateinische Übersetzung
beifügt. Erstmals abgedruckt in Dirk Martens Ausgabe der Utopia von 1516.
Morus, Thomas: DE OPTIMO REIP. STATV DEQVE noua insula Vtopia libellus uere
aureus, nec minus salutaris quam festiuus […]; Basel 1518; Seite 13.
Universitäts- und Landesbibliothek Düsseldorf NLAT216:INK.

Die *Utopia* und ihre Nachfolger in der englischen Literatur

Monika Henne und Friedrich-K. Unterweg

Vom lateinischen Original zur historisch-kritischen Edition

Die literarische Rezeption der *Utopia* beginnt im englischen Sprachraum erst vergleichsweise spät mit dem Erscheinen der ersten englischen Übersetzung (1551) des Gelehrten Ralph Robinson (1520–1577). Thomas More hatte seine „Idee des besten Staatswesens" einerseits nicht für eine breite Öffentlichkeit konzipiert, sondern als „Gedankenspiel" für seine Humanistenfreunde. Andererseits galt er wegen seiner Verweigerung des Suprematseides und angeblichen Hochverrats als *persona non grata*. Die Veröffentlichung seiner Werke vor dem Regierungsantritt der katholischen Königin Mary war somit ein gewagtes Unterfangen und Robinsons Übersetzung zwei Jahre vor deren Regierungsantritt durchaus mutig.

Das Interesse an der englischen Fassung war groß: Bereits 1556 erfolgt ein überarbeiteter Nachdruck und weitere Auflagen folgen 1597 und 1624. 1639 erscheint eine weitere englische Version (wohl basierend auf Robinson); 1684 und 1685 Ausgaben einer neuen Übersetzung des Glasgower Theologen G. Burnet, der 1737 und 1743 eine biografische Skizze Mores und ein Bericht über seinen Prozess beigefügt sind.

Die Anfang des 20. Jahrhunderts einsetzende Thomas-Morus-Renaissance führt im englischen Sprachraum zu einer verstärkten wissenschaftlichen Auseinandersetzung mit der *Utopia*. Ein Meilenstein der Forschung und der Textkritik ist die zweisprachige Ausgabe aus der *Yale Edition of the Complete Works of St. Thomas More*. Sie wird nur noch übertroffen durch die historisch-kritische Studienausgabe der Cambridge University Press.

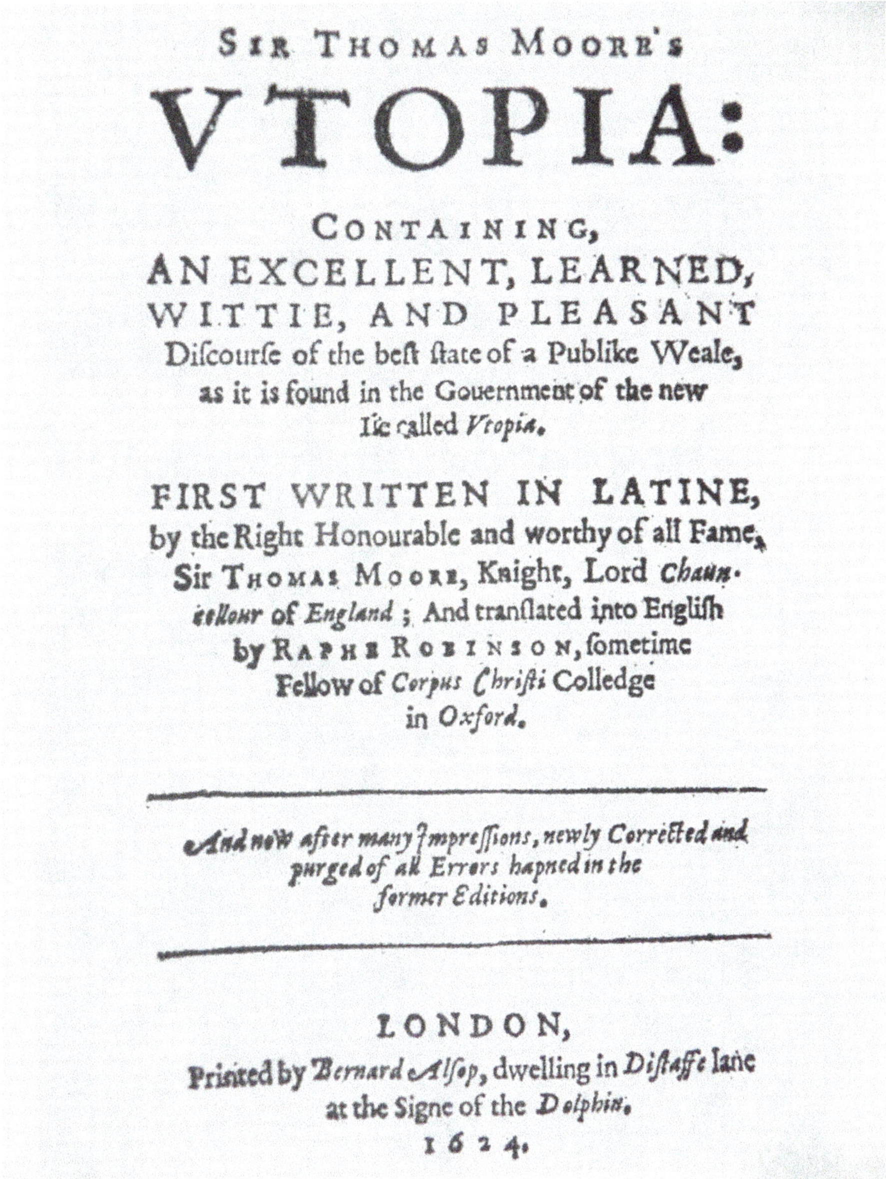

SIR THOMAS MOORE'S

VTOPIA:

CONTAINING,
AN EXCELLENT, LEARNED,
WITTIE, AND PLEASANT
Difcourfe of the beft ftate of a Publike Weale,
as it is found in the Gouernment of the new
Ile called *Vtopia*.

FIRST WRITTEN IN LATINE,
by the Right Honourable and worthy of all Fame,
Sir THOMAS MOORE, Knight, Lord *Chauncellour* of *England* ; And tranflated into Englifh
by RAPHE ROBINSON, fometime
Fellow of *Corpus Chrifti* Colledge
in *Oxford*.

*And now after many Impreffions, newly Corrected and
purged of all Errors hapned in the
former Editions.*

LONDON,
Printed by *Bernard Alfop*, dwelling in *Diftaffe* lane
at the Signe of the *Dolphin*.
1 6 2 4.

Abb. 17: Titelseite der englischen *Utopia*-Ausgabe von 1624.

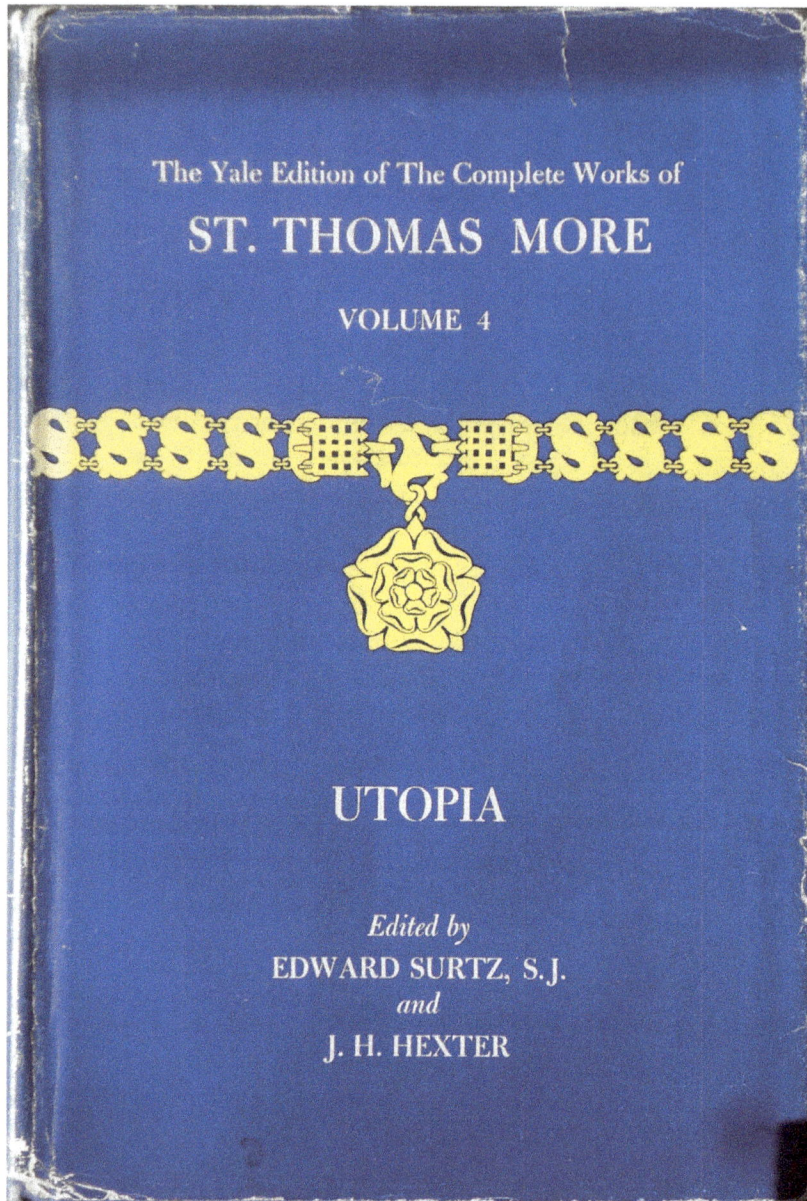

Abb. 18: Schutzumschlag des Bandes IV der *Yale Edition of the Complete Works of St. Thomas More* (Privatbesitz).

Die englischsprachige Sekundärliteratur zu Thomas Mores *Utopia* ist inzwischen kaum noch überschaubar. Die MLA-Bibliography verzeichnet mehrere hundert Titel und der jüngste Band der Zeitschrift *Utopian Studies: Journal of the Society for Utopian Studies* ist anlässlich des 500. Jahrestages komplett der *Utopia* gewidmet.

Von der *Utopia* zur literarischen Utopie

Nach dem Erscheinen des „Idealstaats" vergehen viele Jahrzehnte, bevor sich der Begriff „Utopia" von der reinen Werkbezeichnung allmählich zum Fachbegriff für eine Gattung entwickelt, die zunächst erzählerisch Idealbilder imaginärer Staatsordnungen zeichnet, bevor diese sich im frühen 20. Jahrhundert unter dem Eindruck der beiden Weltkriege zu Schreckensszenarien – Anti-Utopien/Dystopien – entwickeln. In dieser Zeit definiert das *Oxford English Dictionary* „Utopia" auch erstmalig als Fachterminus einer Gattung, deren Repräsentanten heute vielfach zur Weltliteratur zählen.

In England entwickelt Sir Francis Bacon (1561–1626) die neue Gattung gut 100 Jahre nach More weiter. Sein neulateinisches *Nova Atlantis – Neu-Atlantis* erscheint 1627 posthum als Fragment und als erste neuzeitliche Utopie, die sich explizit auf Platons *Atlantis* beruft. Bacons Idealstaat ist auf der fiktiven Südseeinsel Bensalem im Pazifik angesiedelt und ein ehemaliger Schiffbrüchiger beschreibt das Sozialwesen und die naturwissenschaftlichen Forschungseinrichtungen, die als Vorbild der englischen Royal Society oder der französischen Académie des Sciences angesehen werden können.

Erst spät in der Viktorianischen Zeit erscheinen aufgrund der Auswirkungen der industriellen Revolution und des sich ausbreitenden Sozialismus' weitere bedeutende Nachfolger der *Utopia*, so Samuel Butlers *Erewhon* (1872). Der Titel ist ein Anagramm von *Nowhere*, als einem real nicht existenten Ort – οὐ τόπος. Das Werk ist wegen der fehlenden Idealität des Staatswesen indes keine reine Utopie, sondern eher eine Satire mit „Hochschulen der Unvernunft" und „Musical Banks", die eine nicht verwendbare Währung produzieren. Maschinen und technischer Fortschritt sind verhasst und werden als unheilbringend angesehen.

1890 weicht die räumliche Ferne einer zeitlichen. In Morris' *News from Nowhere* träumt sich der Erzähler in eine zukünftige Idealwelt, die so von der rauen Wirklichkeit isoliert wird. Die großstädtische Gesellschaft des 19. Jahrhunderts ist bei Morris wieder in ihre alten, dörflichen Gemeinschaften zurückgekehrt und die kapitalistische Großindustrie einer bäuerlich-handwerklichen Wirtschaftsordnung gewichen.

H. G. Wells – gern als „Vater der Science Fiction" bezeichnet – entwickelt die Gattung und seinen Konzepten von „Idealstaaten" u. a. mit *The War of the Worlds* (1897), *A Modern Utopia* (1905) und *The Shape of Things to Come* (1933) weiter.

Von der literarischen Utopie zur Anti-Utopie/Dystopie

Mit *The Time Machine* (1895) kreiert er zugleich ein neues Genre, die Anti-Utopie. Hauptfigur des Werks ist ein Zeitreisender, der mit seiner Maschine sowohl in die Vergangenheit als auch in die Zukunft reisen kann. Bei einer Reise in das Jahr 802 701 findet er sich in einer Welt von „wunderhübschen, zarten Menschlein" wieder, die sich jedoch nachts vor den Schrecken der Dunkelheit in ihren Gemeinschaftshäusern einschließen. Diese sind die „Morlocks", ehemalige Proletarier, die sich unter der Erde weiterentwickelt haben und die dekadenten Eloi – die „Oberschicht" – grausam unterdrücken und gelegentlich auch verspeisen.

Mit Aldous Huxleys weltberühmter *Brave New World* (1932) verändert sich das Genre endgültig zugunsten von abschreckenden Horrorvisionen künftiger Staaten und Gesellschaften. Sein Weltstaat im Jahre „632 nach Ford" ist durch einen überspitzten wissenschaftlichen Fortschritt und die bedarfsgerechte Produktion von Homunculi – genetisch erzeugten „Neubürgern" – in den Qualitätsstufen Alpha-Plus bis Epsilon-Minus geprägt.

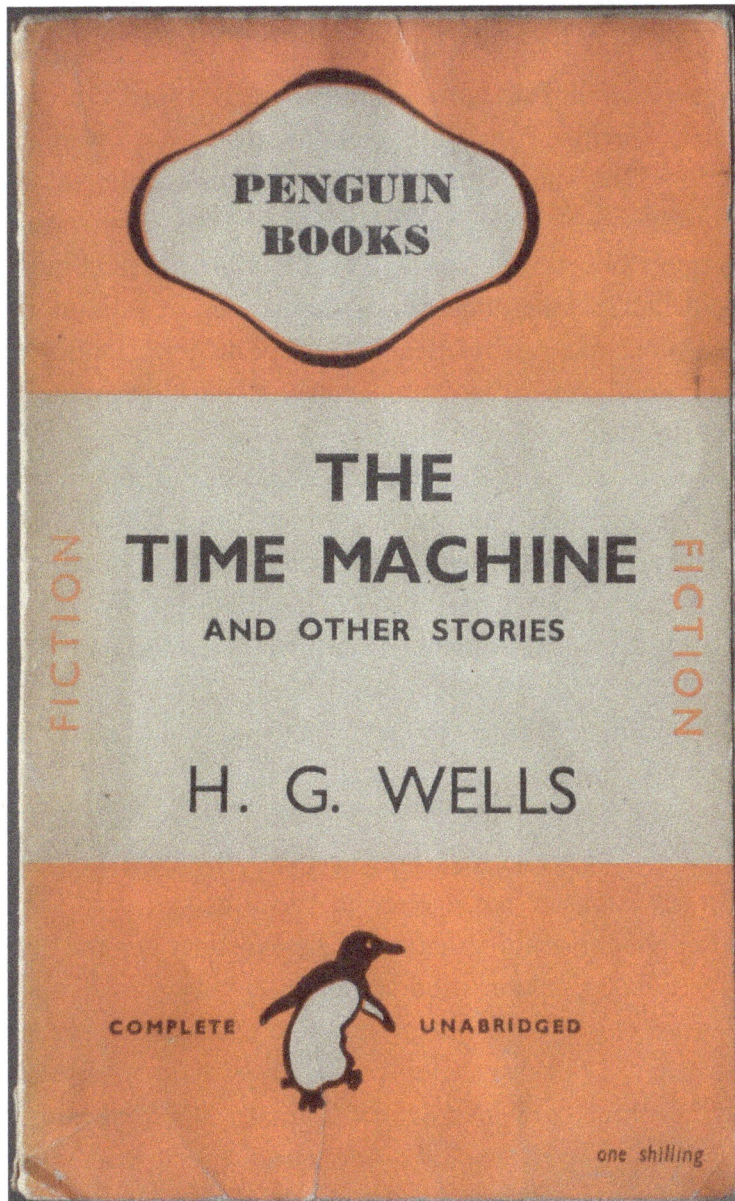

Abb. 19: Cover einer frühen Penguin-Ausgabe der Erzählung von H. G. Wells (Privatbesitz).

Wenn Mores Werk als Paradigma für die klassische Utopie dient, dann George Orwells 1948 verfasster und ein Jahr später erschienener Roman *Nineteen-Eighty-Four* für die Anti-Utopie oder Dystopie. Durch das Motto „Big Brother is Watching You" ist er die klassische, vom Zweiten Weltkrieg geprägte, Schreckensvision eines totalitären Überwachungsstaates. Nicht zuletzt durch die Verfilmungen von 1956 und 1984 (mit Richard Burton in seiner letzten Rolle) wurde die zentrale Figur – Winston Smith – weltbekannt. Geschichtsfälschung, das „Vaporisieren" von unliebsamen Personen, Hasswochen, „Gedankenverbrechen", „Newspeak" und „Doublethink" sind nur einige der abschreckenden Wesensmerkmale des sich ständig im Krieg befindenden Weltstaates Oceanien.

A Clockwork Orange (1962) ist ein dystopischer Roman von Anthony Burgess, der in einer nicht allzu fernen, von extremer Gewalt unter Jugendlichen geprägten, Gesellschaft spielt. Im Mittelpunkt steht der gewaltbereite Teenager Alex, der durch staatliche Maßnahmen „gebessert" werden soll und seine Geschichte teils in einem russisch-basierten Slang erzählt. Der Roman wurde 2005 vom *Time Magazine* und *Modern Library* unter die 100 besten englisch-sprachigen Romane eingeordnet und nicht zuletzt durch Stanley Kubricks Verfilmung von 1971 weltberühmt. Frauen haben sich vergleichsweise selten mit dem Genre Utopie und Dystopie befasst. Charlotte Perkins Gilman entwirft bereits 1915 in der Utopie *Herland* einen gänzlich von Frauen konzipierten, isolierten Idealstaat, in dem sich diese per a-sexueller Reproduktion fortpflanzen. Das Werk ist der mittlere Band einer utopischen Trilogie, wurde jedoch leider erst 1979 in Buchform veröffentlicht. Seither wurde der Roman aber regelmäßig nachgedruckt (zuletzt 2012) und ist seit 2008 auch als ebook beim *Project Gutenberg* verfügbar.

Die wohl berühmteste Nachfolgerin Gilmans dürften Margret Atwood mit ihrer Dystopie *The Handmaid's Tale* sein, die 1990 von Volker Schlöndorf verfilmt wurde (*Die Geschichte der Dienerin*). Nach zahlreichen nuklearen Katastrophen kommt es in den Vereinigten Staaten der nahen Zukunft zu einem Staatsstreich und der Gründung der Republik „Gilead" durch eine christlich-fundamentalistische Gruppierung. Aufgrund der weitverbreiteten Sterilität der Menschen wird die Rolle der Frau neu definiert: Ihre einzige Aufgabe ist fortan das Gebären von Kindern und ihre vollständige Unterordnung unter den Mann zeigt sich schon in ihren Namen – Offred oder Ofwarren – sie gehören Fred oder Warren.

Suzanne Collins' *Hunger Games* (2008) ist eine überaus erfolgreiche Trilogie dystopischer Jugendromane, die in Panem angesiedelt sind, einem Land mit einer sehr wohlhabenden Hauptstadt und zwölf Distrikten, die durch unterschiedliche Armut geprägt sind. Einmal im Jahr müssen sich 12 bis 18 Jahre alte Kinder aus den Distrikten in einer Freilichtarena der Hauptstadt bis auf den Tod bekämpfen. Die Spiele werden live im Fernsehen und auf Leinwänden in ganz Panem übertragen und die Bewohner werden gezwungen, diese als Fest zu feiern. Sowohl die Trilogie der Kinder- und Jugendbuchautorin als auch die Filmversionen waren ein Welterfolg und ihre Autorin war 2010 laut *Time Magazine* eine der einflussreichsten Persönlichkeiten der Welt.

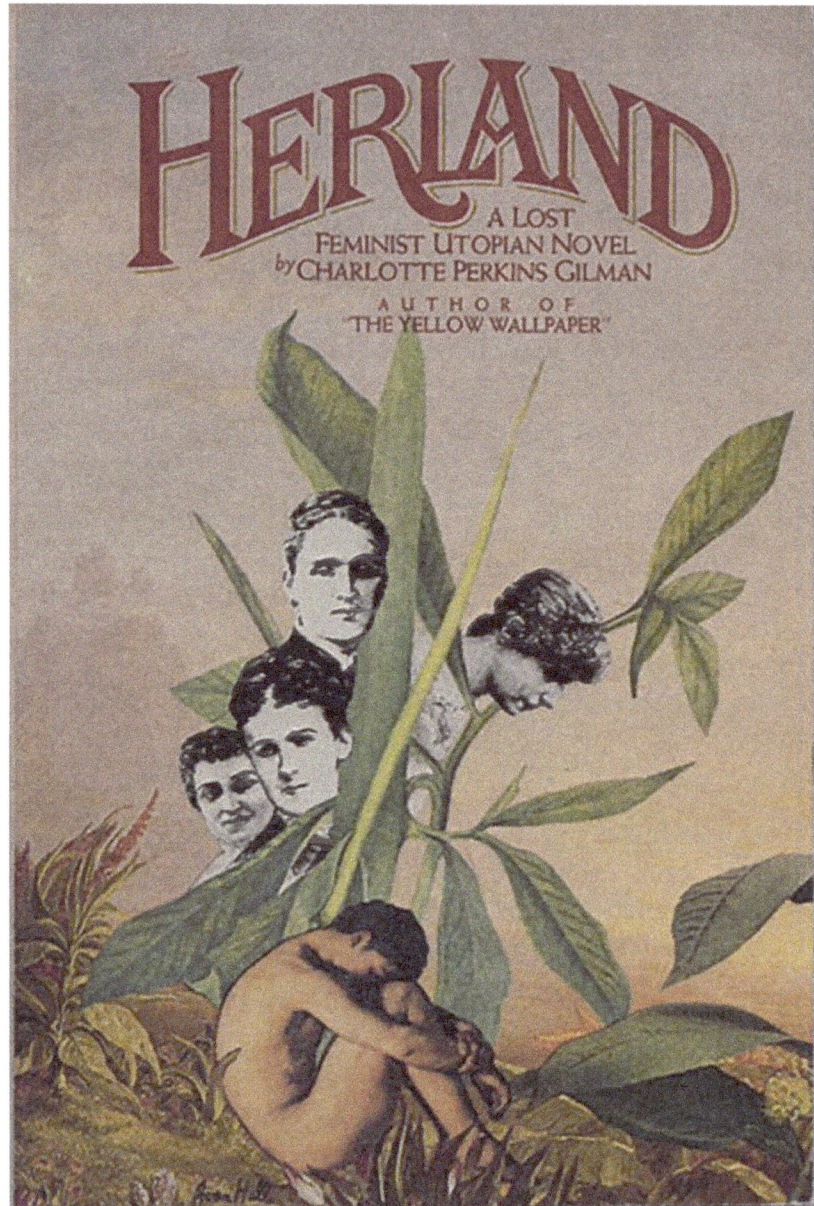

Abb. 20: Cover der ersten Buchausgabe von *Herland* (Pantheon Books: 1979).

Forschungstradition

Monika Steffens und Friedrich-K. Unterweg

Der Autor der *Utopia* vermag nicht nur als Schriftsteller, Philosoph und Politiker, sondern insbesondere auch als Mensch zu faszinieren. Es ist daher nicht verwunderlich, dass Thomas Morus und sein Werk schon früh Gegenstand wissenschaftlichen Forschungsinteresses werden, das sich zu Beginn des 20. Jahrhunderts im Kontext des Kanonisationsprozesses noch deutlich intensiviert. 1935, im Jahr der Heiligsprechung, wird Chambers' epochale Biografie des Thomas Morus veröffentlicht, eine geplante Neuausgabe seiner englischen Werke bleibt infolge des Zweiten Weltkrieges unvollendet.

Zur Förderung der Morus-Forschung wird 1962 die internationale Gesellschaft der Amici Thomae Mori gegründet, die seither die Zeitschrift Moreana publiziert; zum Generalsekretär wird Professor Abbe Marc'hadour aus Angers ernannt. Schon zuvor haben die Arbeiten an der monumentalen Yale Edition of the Complete Works of St. Thomas More begonnen, die zu Recht als Meilenstein der Forschung und der Textkritik gilt. Sie wird zurzeit nur noch übertroffen durch die von George M. Logan und Robert M. Adams herausgegebene zweisprachige Studienausgabe der Cambridge University Press, die als akkurateste und studierendenfreundlichste Einzeledition gilt. Als offizielle Deutsche Sektion der internationalen Vereinigung Amici Thomae Mori wird am 17. Dezember 1980 in Bensberg die Thomas-Morus-Gesellschaft gegründet, die bis 1998 fortbesteht.

1970 begründet Professor Dr. H. Schulte Herbrüggen am Lehrstuhl Anglistik III der Universität Düsseldorf das MOREANUM, die Forschungsstelle für englische Renaissance. Diese Sammlung umfasst neben Morus' eigenen Werken auch Publikationen der Sekundärliteratur und Schriften anderer Renaissancehumanisten, die für die Morus-Forschung bedeutsam sind;

Herzstück des Bestandes ist ein Exemplar der ersten Gesamtausgabe seiner englischen Werke von 1557.

Aufgrund ihrer großen Bekanntheit steht insbesondere die *Utopia* häufig im Zentrum des wissenschaftlichen Interesses. Die englischsprachige Sekundärliteratur ist inzwischen kaum noch überschaubar; die MLA-Bibliography allein verzeichnet mehrere hundert Titel. Nach der Morus-Renaissance am Ende des 20. Jahrhunderts ist jedoch auch hier ein deutlicher Rückgang der Publikationen zu erkennen. Die vielfältigen Veranstaltungen zum 500. Jahrestag ihrer Erstveröffentlichung können angesichts dessen neue Impulse für eine Auseinandersetzung mit diesem Klassiker der politischen Philosophie geben.

Abb. 21: Titelseite in Johann Frobens Ausgabe der *Utopia* von 1518.
Morus, Thomas: DE OPTIMO REIP. STATV DEQVE noua insula Vtopia libellus uere
aureus, nec minus salutaris quam festiuus [...];Basel 1518.
Universitäts- und Landesbibliothek Düsseldorf NLAT 216: INK.

Auswahlbibliografie

Primärliteratur

The Yale Edition of the Complete Works of St. Thomas More, New Haven/ London 1963 ff. Bd. 4: Utopia. Edited by Edward Surtz, S. J. and J. H. Hexter 1965.
ULB Düsseldorf   phid64600.y18(4)

Heinisch, K. J. (Hrsg.), *Der utopische Staat. Morus: Utopia*, Campanella: Sonnenstaat, Bacon: Neu-Atlantis, Hamburg 1980.
ULB Düsseldorf   phir061.h468

Logan, G. M./Adams, R. M./Miller, C. H. (Hrsg.), *Thomas More: Utopia, Latin text and English translation*, Cambridge 1995.
ULB Düsseldorf   morm220.u91

Thomas Morus, *Utopia. Lateinisch/Deutsch.* Übersetzt von G. Ritter. Mit einem Nachwort von E. Jäckel, Stuttgart 2012.
ULB Düsseldorf   phid64602.u91

Sekundärliteratur

Baumann, U./Heinrich, H. P., *Thomas Morus: Humanistische Schriften; mit einer Einführung von Hubertus Schulte Herbrüggen (Erträge der Forschung)*, Darmstadt 1986.
ULB Düsseldorf   phid64604.b347

Heinrich, H. P., *Thomas Morus. Mit Selbstzeugnissen und Bilddokumenten*, Hamburg 1984.
ULB Düsseldorf   phid64604.h469

Kruft, H.-W., *Städte in Utopia: die Idealstadt vom 15. bis zum 18. Jahrhundert zwischen Staatsutopie und Wirklichkeit*, München 1989.
ULB Düsseldorf   kune520.k94

Lüsse, B. G., *Formen der humanistischen Utopie: Vorstellungen vom idealen Staat im englischen und kontinentalen Schrifttum des Humanismus 1516–1669*, Paderborn 1998.
ULB Düsseldorf   angg870.l948

Schmitt, C. B./Skinner, Q./Kessler, E./Kraye, J. (Hrsg.), *The Cambridge History of Renaissance Philosophy*, Cambridge 1988.
ULB Düsseldorf   phig314.s355

Schulte Herbrüggen, H., *Utopie und Anti-Utopie. Von der Strukturanalyse zur Strukturtypologie*, Bochum 1960.
ULB Düsseldorf   morm720.s386

Schulte Herbrüggen, H./Unterweg, F.-K./Baumann, U./Heinrich, H. P., *Thomas Morus 1477/78–1535, Humanist – Staatsmann – Märtyrer, Leben und Werk*, Beiträge der Forschung, Ausstellung des Moreanums in der Universitäts-Bibliothek Düsseldorf, 25. Okt. 1985–4. Jan. 1986; Neuss 1985.
ULB Düsseldorf   phi/b2494

Süssmuth, H., *Studien zur Utopia des Thomas Morus: ein Beitrag zur Geistesgeschichte des 16. Jahrhunderts*, Münster 1967.
ULB Düsseldorf   morm720.s944